高橋恵美子

いちばん簡単！
まっすぐ手ぬいで
着物リメイク

服と小物

KADOKAWA

はじめに

着物をほどくと、まっすぐの長く四角い布になります。
幅は36cmと18cmのふたつだけ。
その布をシンプルにぬい合わせ、
色柄の魅力を生かして服とバッグを作りました。

もう着ることはない古い着物でも、布そのものは美しいもの。
布に触れながら針を進める時間は楽しく、豊かな気持ちになります。
みなさんもリメイクしてみませんか？
素材は着物のほか、羽織や道行、帯…、端切れでも。
布が足りなければ、別の布とはぎ合わせればいいのです。
染めの着物地と織りの着物地を組み合わせるのもすてき。
きっと新しい表情が生まれますよ。

この本で紹介している服とバッグは、すべて手ぬいでできます。
布よりも濃い色か薄い色の糸を選んで、
ちくちくとしたぬい目を目立たせ、手作りの温もりを楽しんでください。
作り方はどれもとても簡単。
お気に入りを見つけていただけたら幸せです。

高橋恵美子

いちばん簡単なリメイクです

たとえばチュニックは…

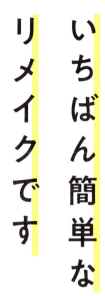

STEP 1
着物を選びます

36cm幅　36cm幅

STEP 2
着物をほどいて四角い布に戻します

でき上がり

STEP 3
2枚の布をまっすぐぬい合わせてチュニックができました

Contents

	作品	作り方
A ノースリーブのワンピース	6	44
B マーガレット	8	46
C カーディガン	9	48
D パフスリーブのワンピース	10	50
E チュニック	12	52
F ブラウス	14	54
G ロングコート	16	56
H ハーフコート	18	59
I 羽織るベスト	20	60
J リボン結びのベスト	22	62
K エプロン風ジャンパースカート	24	64
L 肩リボンのジャンパースカート	26	66

着物リメイク 作り方 How To

- ぬい始める前に 1 布端に針を通しましょう 39
- ぬい始める前に 2 着物を四角い布に戻します 40
- ぬい始める前に 3 着物のほどき方 42
- ぬい始める前に 4 布のカット・でき上がり線の引き方 42
- えりぐりの実物大型紙の使い方 43

着物リメイクの基礎

- 着物リメイクに向く素材 86
- えりぐりの実物大型紙 87
- 手元にそろえたい道具 88
- 道具の使い方 リメイクのコツ 90
- よく使う言葉 90
- ぬい始めとぬい終わり 91
- 布のぬい合わせ方 92
- 仕上げ方 93
- ぬい代の仕上げ方 94
- バイアス布の作り方 95
- バイアス布のくるみ方 95

撮影協力
オリエンタルトラフィック（ダブルエー）　https://www.wa-jp.com
fitfit　☎0120-064821（fitfit店舗カスタマーサービスセンター）

着物素材協力
久留米絣織元　下川織物　https://oriyasan.com
土倉屋　https://www.instagram.com/tsuchikuraya/

	M	N	O	P	Q	R	S	T	U	V	W	X
	ロングストール	ゆったりスカーフ	パネルスカート	バイカラーのスカート	ワイドパンツ	ショルダーバッグ	ポシェット	エコバッグ	シンプル手さげ	トートバッグ	リュック	PCケース
	27	28	30	31	32	34	35	36	37	37	38	38
	68	69	70	72	74	76	78	79	80	81	84	83

デザイン	林 陽子（Sparrow Design）	作り方図	安藤明美	校正	麦秋アートセンター
撮影	中島繁樹	作品制作	アトリエAmy（安藤明美、栗原弘子、	編集	飯田充代
スタイリング	絵内友美		水野法子、関かおり、野口麗加、		包山奈保美（KADOKAWA）
ヘアメイク	成澤ヒロト		小木曽雅恵、角谷美和、小倉智恵子）		
モデル	夢子キャサリン	作り方図	たまスタヂオ		
	大場美波		小池百合穂		

A

作り方 ▶▶▶ p.44
えりぐりの実物大型紙 ▶▶▶ p.87

ノースリーブの
ワンピース

四角い着物地を
まっすぐぬって…

着物をほどいたときにできる36cm幅の四角い布を、シンプルにぬい合わせています。素材は柔らかい縮緬。とろんとしたその落ち感を生かした1枚です。肩が自然に落ちるのも四角い布をそのまま使っているから。えりぐりは実物大型紙を使ってきれいなカーブを出します。

靴、バッグ／オリエンタルトラフィック（ダブルエー）

おそろいの
ボウを結んで

胸元で結んでいるボウは細長い四角い布の周囲をぬうだけ。結び方を変えたり、ふわりと巻いたり、いろいろな組み合わせ方で楽しんで。

B

作り方 ▶▶▶ p.46

マーガレット

袖付けいらずの
小さな上着

着物地が背中をたっぷり包み込み暖か。軽く小さく畳めるので、寒さ避けのため外出時に持ち歩いても。

ふわりと羽織れるマーガレットは、36cm幅の四角い布を、えりぐりを除いて筒にぬっているだけ。素材は絹ならではの光沢を味わえる綸子。なめらかな手触りなので肩や腕のラインに自然になじみ、しっとりした着心地です。写真はノースリーブのワンピース（p.6）とのコーディネート。

C

作り方 ▶▶▶ p.48
えりぐりの実物大型紙 ▶▶▶ p.87

カーディガン

身頃も袖も まっすぐぬうだけ

えりぐりのバイアス布を長くしてリボンのように結びます。

身頃は36cm幅の四角い布2枚から。袖も袖ぐりのカーブのない四角い布2枚から作ります。まっすぐぬうだけなので袖の付け方もとてもシンプルです。素材は布を糸で括ってから染めた絞り。絞り部分に空気を含み、ふわりとした立体感と温かみがあります。

D

作り方 ▶▶▶ p.50
えりぐりの実物大型紙 ▶▶▶ p.87

パフスリーブのワンピース

袖をふわりとさせて
優しい表情に

袖丈は肘より少し長め。

身頃は幅36cmの四角い布をまっすぐにぬい合わせるだけ。そのストレートなラインに、ゴムを入れて膨らませた袖を合わせて柔らかさを出します。素材は独特なとろみと軽さ、揺れ感が魅力の縮緬。程よくあいたえりぐりのカーブもデコルテをきれいに見せるポイントです。

靴／fitfit

ウエストベルトを
緩く締めれば…

アクセサリーや小物でいろいろな着方ができるのは、シンプルなデザインだからこそ。
靴／fitfit

E

作り方 ▶▶▶ p.52

チュニック

着物は四角い布、
たった2枚だけ

前身頃と後ろ身頃はひと続き。肩をぬわずにできるチュニックです。V字のえりぐりも、36cm幅の布をぬい合わせる際に中央をぬい残すだけ。前・後ろ身頃のウエスト部分に緩くゴムを入れ、くしゅっと縮ませて、ゆったりと体にフィットさせています。

靴／fitfit

脇は端から7cm内側をぬい、体のラインに程よく沿わせます。肩が自然に落ちるのは36cm幅の着物地をそのまま使っているから。

後ろのえりぐりもきれいなV字

すっきりとしたV字のえりぐり。後ろ身頃にも緩くゴムを入れているので細身に見える効果も。透け感のある絽を使っているので、着心地も軽やかです。

F

作り方 ▶▶▶ p.54

ブラウス

身幅ゆったりなので風が通り、涼しい着心地。ここでは花柄と縞を使いましたが、好きな色柄を組み合わせて、そこに生まれる新しい表情を楽しんでください。

靴／オリエンタルトラフィック（ダブルエー）

着物地を横向きに使います

上は36cm幅、下は18cm幅。サイズ違いの四角い布を横向きに組み合わせました。シンプルですが、2種類の着物地を使ったことでとても印象的。肩や脇のステッチも手ぬいならではのアクセントになります。

G

作り方 ▶▶▶ p.56

ロングコート

後ろ姿もすっきり。着物地の幅を生かしているので肩が自然に落ち、体のラインに自然に沿います。

長めの丈にして、風に揺れる夏の着物の軽やかな風合いを存分に楽しみます。

ボタンのない
極上のシンプル仕上げ

着物地を
たっぷりと使って
長めの丈に

身頃も袖も36cm幅の四角い布。それぞれをぬい合わせるだけで簡単に作れる春コートです。えり元は斜めにカットし、ノーカラーに仕上げてすっきりと。素材は夏の着物地の代表である紗。透け感があり軽い上、絹をまとっているぜいたく感も。
ブーツ／fitfit

H

作り方 ▶▶▶ p.59

ハーフコート

丈を短くして
軽やかに

作り方は、胸元にスプリングホックを付けること以外ロングコート(p.16)と同じ。丈を短くするだけで雰囲気が変わり、より軽やかに仕上がります。エレガントなスカートにもデニムにも合わせられるので、きっと出番の多い1枚になるはず。

ホックを留めると
Ｖネックが際立ちます

身頃の布を斜めにカットしてＶネックに。布に透かし目（すき間）のある柔らかい絽を使っていますが、紬などでハリのあるコートにしても。

作り方 ▶▶ p.60

羽織るベスト

着物地5枚を ぬいつなぐだけ

裾に向かって緩やかに広がるベストです。
えりを付けているようにも見えますが、
実は四角い着物地を袖口をあけてぬい合
わせるだけ。作り方は驚くほど簡単です。
素材は優しい風合いの木綿の久留米絣。
日本の伝統である絣模様をこんな風に
"今"のおしゃれ着にできるのもリメイク
だからこそ。

ブーツ／オリエンタルトラフィック（ダブルエー）
素材／久留米絣織元　下川織物

背中を包み込む
たっぷりの後ろ姿

首元に集まる布が自然に立ち上がり、モード感があふれます。背中からお尻まで包まれるので着心地も暖か。

色柄の異なる着物地を組み合わせます

身頃の間からインナーがのぞいて軽やか。花柄の布を身頃の中央にし、脇布の黒地で全体を引き締める…。そんな色柄の配置を考えるのも楽しみのうち。

J

作り方 ▶▶▶ p.62
えりぐりの実物大型紙 ▶▶ p.87

リボン結びのベスト

脇のリボンが
チャームポイント

素材はハリ感のある紬。花柄とそれを引き立てる黒を組み合わせて、手作りならではのオリジナル感を出しています。えりぐりは実物大型紙を使ってきれいなカーブを出します。
靴／fitfit

作り方 ▶▶▶ p.64

エプロン風
ジャンパースカート

着物地を
前で合わせて
巻きスカート風に

36cm幅の長く四角い着物地を4枚縦方向にぬい合わせ、肩ひもを付けるだけ。体の前で布を合わせて着る巻きスカート風のスタイルです。身幅にゆとりがあるので動きやすさも。素材は格子柄の紬。伝統の絹素材をこんな風にカジュアルに着こなすのもすてきです。

歩みに合わせて裾が動きます。太めの肩ひもも、エプロンを身に着けるような気軽さで、リラックスした雰囲気を引き立てます。

おそろいで
エコバッグも

スカートを作った後に残った布でエコバッグも作りました（p.36で紹介）。普段の買い物が楽しくなりそうです。

T 作り方 ▶▶ p.79

L

作り方 ▶▶▶ p.66

肩リボンの
ジャンパースカート

リボンの結び目が
アクセント

36cm幅の布4枚を筒状にぬっています。着るときは、上部に通した細いリボンを結びますが、リボンを引くと胸元にギャザーがより、いっそう愛らしい表情になります。
サンダル／fitfit

M ロングストール

作り方 ▶▶▶ p.68

着物のえりを
余さず使って

身頃は脇部分をカットして斜めのラインを出します。素材は三角模様がモダンな銘仙。

長いので3回巻きも。素材はとろみのある縮緬。

着物のえりを、はさみを入れずにそのまま使って長さを出しています。布端をぬって輪にしますが、ポイントはこのときメビウスの輪のように布をひねること。このひと手間で着物地が波打ち、立体的に仕上がります。

ゆったりと巻けば違う表情に。胸元にできる自然なドレープにも絹ならではの高級感が漂います。

N

作り方 ▶▶▶ p.69

ゆったりスカーフ

上着のように まとえます

背中まで包み込む幅広の大判サイズ。おしゃれ心と寒さ避けを両方満たしてくれる1枚です。

ふたつの素材の
ハーモニー

着物と羽織を合わせるように、唐草柄の絞りと花柄の銘仙をぬい合わせ、そこに生まれるハーモニーを楽しみます。着物地はどちらも36cm幅の四角い布。布端の耳を利用しているのでぬい代を始末する手間もありません。

靴／fitfit

着物地を
切り替えて…

作り方 ▶▶▶ p.70

パネルスカート

おそろいの布でトートバッグ
（p.37で紹介）も作りました。

V　作り方 ▶▶▶ p.81

36cm幅の四角い布を、まっすぐ縦にぬい合わせています。目を引くのは、四角い幾何学柄の間にはさんだ花柄。5枚の中に1枚違う色柄を入れるだけで、シンプルなデザインがぐんとおしゃれになりました。ウエストはゴム入りなのではきやすさも。

靴／fitfit

P

作り方 ▶▶▶ p.72

バイカラーのスカート

ふたつの色柄を
交互に並べます

動きに合わせて揺れる裾。
後ろ姿も表情豊かです。

素材はどちらも柔らかい落ち感
のある縮緬。7枚はぎにしてた
っぷりの量感を出し、そのゆら
ぎを味わいます。
ブーツ／fitfit

Q

作り方 ▶▶▶ p.74

ワイドパンツ

銘仙のパンツは
まっすぐぬうだけ

36cm幅の四角い布4枚をぬい合わせているので、ゆったりのはき心地。股上と股下部分に小さな四角い布(まち)をプラスした簡単な形なので、初めての人にもやさしい作り方です。
サンダル／fitfit

着物ファンの憧れ、
大島紬で

作り方は右ページのパンツと同じ。ハリ感のある大島紬を使ってシックに仕上げました。奄美大島地方で生まれた大島紬は、細い糸で織られているので軽く暖か。しわになりにくいのでパンツ素材におすすめです。

サンダル／fitfit

素材は銘仙。艶やかさと色柄の華やかさ、絹ならではの軽さが魅力です。

R

作り方 ▶▶▶ p.76

ショルダーバッグ

使いやすいたっぷりサイズです。シンプルなデザインですが、着物地を使うことでおしゃれ感がぐんとアップ。肩ひもも同じ布にして、より着物地の魅力を引き立てています。入れ口の細いリボンの結び目もアクセント。

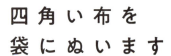

四角い布を
袋にぬいます

小さな銘仙の四角い布をぬい合わせたポシェットは、スマホやお財布を入れるのにちょうどいいサイズ。肩ひもに使った帯締めの両端の房もチャーミングです。前面には外ポケット（無地部分）も。裏布を付けてしっかり仕上げます。

帯締めを
肩ひもに

S ポシェット

作り方 ▶▶▶ p.78

帯締めは長さがあるので
斜め掛けもできます。

T

作り方 ▶▶▶ p.79

エコバッグ

まち付きだから
たっぷり入ります

おしゃれなエコバッグがなかなか見つからない…。そんな人はお気に入りの着物地をまっすぐぬって手作りしてみて。素材は格子柄の紬。エプロン風ジャンパースカート（p.24で紹介）とおそろいで作りました。

作り方 ▶▶▶ p.80

シンプル手さげ

着物地が映えるシンプルな手さげは、四角い布を袋にぬうだけでできます。柔らかい縮緬地を使っていますが、裏布を付け、入れ口に接着芯を貼っているので丈夫。ノートが入る使いやすいサイズです。

靴／オリエンタルトラフィック（ダブルエー）

優しい縮緬で ほんのり和の風情

飾りの羽織ひもが アクセント

作り方 ▶▶▶ p.81

トートバッグ

36cm幅の四角い布を生かした、ちょっと小ぶりのトートバッグです。赤い羽織ひもをぬい留めて仕上げますが、こんな風に小物を利用できるのも着物リメイクの楽しさ。素材は華やかな花柄の銘仙。

街では買えないおしゃれな和のリュックは、大人の雰囲気漂う風通地で作りました。閉めるときは入れ口を折り、ボタンをループに通します。裏布付きなのでしっかり丈夫。きれいな形を保てます。

着物地の袋に肩ひもを付けるだけ

W リュック

作り方 ▶▶▶ p.84

帯の花に合わせ、赤いボタンをアクセントに。

帯を畳んで作ります

X

作り方 ▶▶▶ p.83

PCケース

素材はアンティークの繻子の帯。中に入っている芯をそのまま使い、丈夫に仕上げています。花柄の刺繍は帯の御太鼓部分。ていねいに施されたその繊細な手仕事が際立つよう配置しました。古い帯に新しいPCを入れる…。そのコントラストが楽しいですね。

着物リメイク作り方
How To

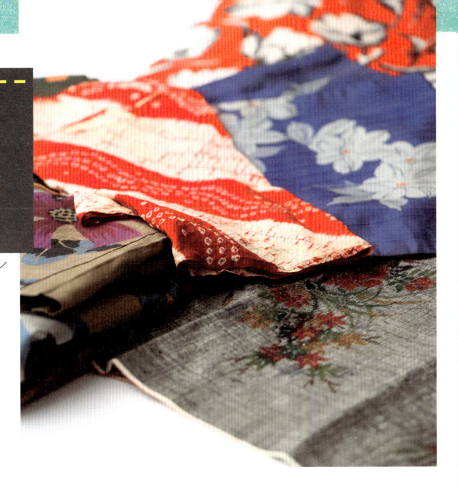

ぬい始める前に 1
布端に針を通しましょう

手ぬいのリメイクには、柔らかく針通りのなめらかな布が向いています。とろりと落ち感のある布や、着古した着物もおすすめです。使う着物が決まったら、布端に針を通して、針通りのよさを確認してみてください。

\ 使う着物が決まったら… /

POINT 2
使う着物が決まったら、ほどく前にしみやほつれがないか確認します。しみがある部分を避けて、きれいな部分を使ってリメイクしましょう。

POINT 1
箪笥に長い間しまってあった着物などに折り目が付いていたら、ドライアイロンで整えましょう。スチームアイロンは色落ちや縮みにつながります。

ぬい始める前に 2

着物を四角い布に戻します

着物のぬい目をほどいて、図のような長く四角い布にします。この本で紹介している服とバッグは、この四角い布を最大限に生かし、そのままぬい合わせてリメイクしたもの。ほどき方は42ページをご覧ください。

※単位はcm

ほどくと…

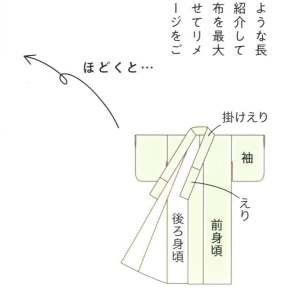

着物の場合

左図はほどいた後の布。身頃や袖は幅約36cm、えりやおくみは幅約18cmと決まっていて、これをリメイクに使います。袷（裏地付き）の着物を使う場合は裏地もほどいて外します。作品によって布が余ったら、バッグなどの小物を作っても。

布パーツ（幅 × 長さ cm）:
- 後ろ身頃　36 × 310〜330（えり肩あき、前身頃含む）
- 後ろ身頃　36 × 310〜330（えり肩あき、前身頃含む）
- えり　18 × 200前後
- おくみ　18 × 130〜140
- 袖　36 × 100〜120
- 袖　36 × 100〜120
- おくみ　18 × 135前後
- 掛けえり　18 × 90前後

＊着物や羽織の着丈や袖丈などは、1枚ずつそれぞれに異なります。

羽織の場合

羽織をほどいた布は、身頃・袖・えりともに幅約36cm。着物と同じように、裏地も一緒にほどいて外し、表地を使ってリメイクしましょう。

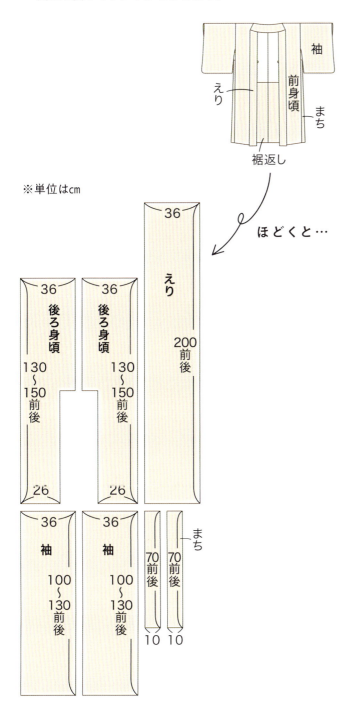

※単位はcm

E チュニックの場合
（作り方p.52）

使う着物が決まりました

幅36cmの身頃の部分を使います

できました

ぬい始める前に 3 着物のほどき方

着物はもともとていねいにぬわれています。一気にほどこうと力まかせに糸を引っ張ると、古い着物などは特に布が裂けてしまうことも。ていねいにほどきましょう。

1 袷（裏地付き）の着物を使うときは、最初に裏地からほどきます。糸切りばさみでぬい目をひと目ずつ切っていきます。

2 表地も同じように、ていねいにひと目ずつ切っていきます。ぬい代の折り目はドライアイロンで整えます。

ぬい始める前に 4 布のカット・でき上がり線の引き方

すべての作品に共通するリメイクの下準備です。作りたい作品が決まったら、製図の寸法に従って必要な布をカットし、でき上がり線を引きます。

1 作品の作り方ページにある製図を参照して、布を必要な枚数カットします。定規を使って、布目に対して垂直になるようにチャコペンで線を引きます。

2 線の通りに裁ちばさみでカットします。

3 必要なサイズの布が用意できました。

準備ができたら、ちくちく手ぬいを始めましょう

えりぐりの実物大型紙の使い方

Aノースリーブのワンピース・Cカーディガン・Dパフスリーブのワンピース・Jリボン結びのベストは、えりぐりの実物大型紙（p.87）を使って、えりぐりのカーブを作ります。

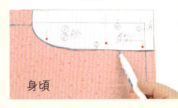

❶えりぐりの実物大型紙を薄紙に写して型紙を作り、製図の位置に型紙を当ててまち針で留め、線を写します。

❷線を引いたところ。カーブの部分がえりぐりになります。

❸線の通りにカットします。

❹えりぐりのカーブがカットできました。反対側の身頃も同様にカットします。

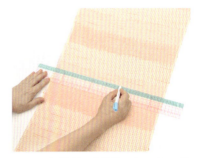

4 各作品の製図にあるぬい代をとり、チャコペンででき上がり線を引きます。曲がらないよう定規を使います。

5 1～4の手順で必要な布がすべてそろったら、リメイクの準備完了です。

着物の素材

縮緬

ノースリーブのワンピース

A

▶ p.6

使用する布

材料〈着物〉
前　36幅× 115.5・117.5・119.5　2枚
後ろ　36幅× 115.5・117.5・119.5　2枚
ボウ　8 × 176
バイアス布用　36幅×40　1枚

その他の材料
手ぬい糸

1. 前・後ろ中心をぬう

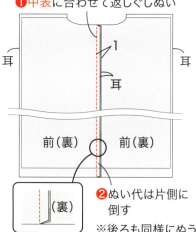

❶ 中表に合わせて返しぐしぬい
❷ ぬい代は片側に倒す
※後ろも同様にぬう

2. 肩を袋ぬい

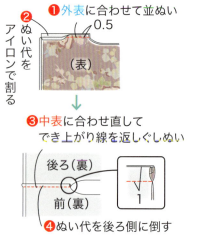

❶ 外表に合わせて並ぬい
❷ ぬい代をアイロンで割る
❸ 中表に合わせ直してでき上がり線を返しぐしぬい
❹ ぬい代を後ろ側に倒す

※単位はcm

えりぐりの実物大型紙はp.87をご覧ください

製図

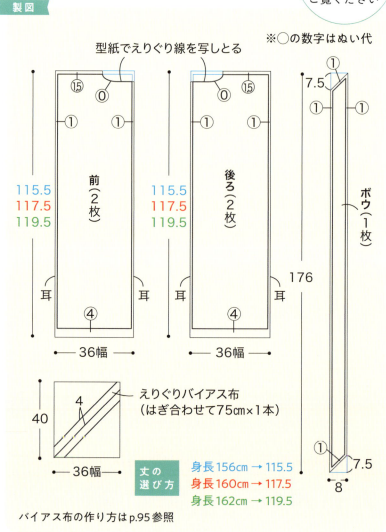

※○の数字はぬい代

型紙でえりぐり線を写しとる

前(2枚)　115.5 / 117.5 / 119.5
後ろ(2枚)　115.5 / 117.5 / 119.5
36幅

えりぐりバイアス布
(はぎ合わせて75cm×1本)

ボウ(1枚) 176
7.5 / 8

丈の選び方
身長156cm → 115.5
身長160cm → 117.5
身長162cm → 119.5

バイアス布の作り方はp.95参照

44

4. 脇をぬう

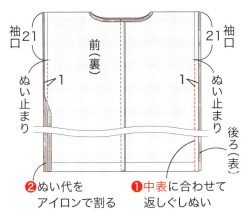

5. 袖口から脇を続けてぬう

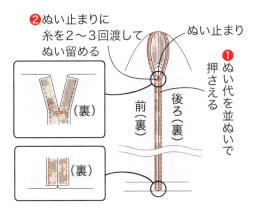

でき上がり

3. えりぐりをバイアス布でくるむ

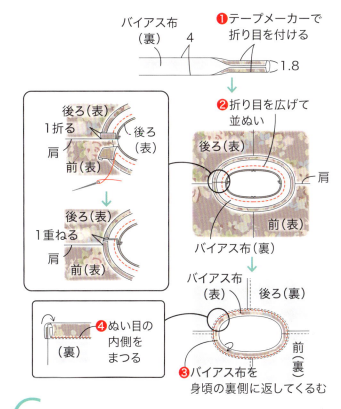

6. 裾をぬう

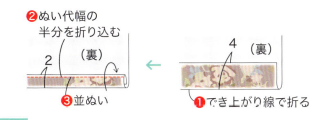

7. ボウをぬう

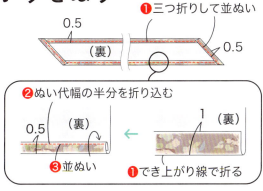

着物の素材

綸子

マーガレット

▶ p.8

使用する布

材料〈着物〉
36幅×73.5　4枚

その他の材料
手ぬい糸

※単位はcm

素材によって変わる雰囲気を楽しんで

マーガレットの素材は柔らかい綸子。着用すると生地が自然に体になじみますが、同じデザインでも、紬地で作ればハリが出ますし、絞りならふっくらと、紗や絽なら軽やかに仕上がります。でき上がりを思い浮かべながら、素材選びも楽しんでください。

製図

※○の数字はぬい代

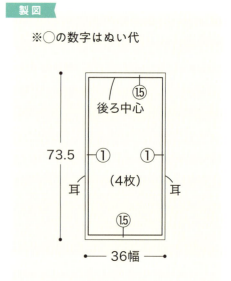

でき上がり

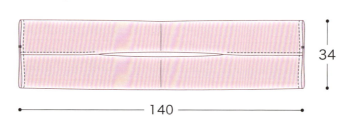

1. 後ろ中心を袋ぬい

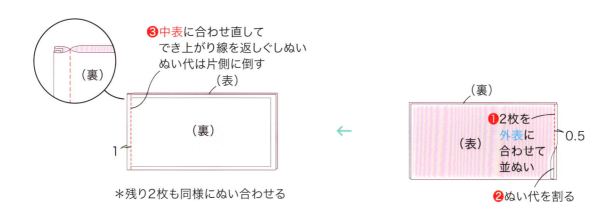

*残り2枚も同様にぬい合わせる

2. 肩・袖口をぬう

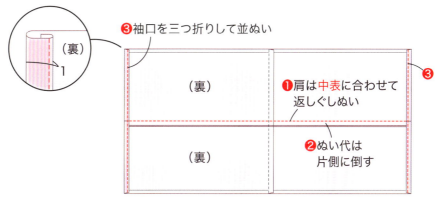

3. 袖下をぬう

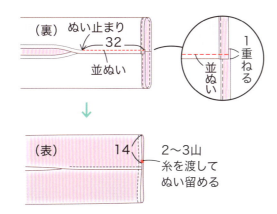

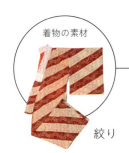
着物の素材 絞り

カーディガン C

▶ p.9

使用する布

材料〈着物〉
前・後ろ　36幅×128　2枚
袖　　　　25.5×45　2枚
バイアス布用　36幅×40　1枚

その他の材料
手ぬい糸

※単位はcm

えりぐりの実物大型紙はp.87をご覧ください

1. 後ろ中心と前端をぬう

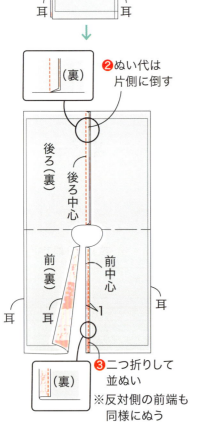

製図

※○の数字はぬい代

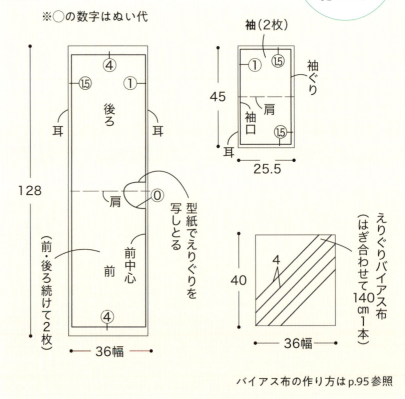

バイアス布の作り方はp.95参照

3. 袖を付け、袖下から脇を割り伏せぬい

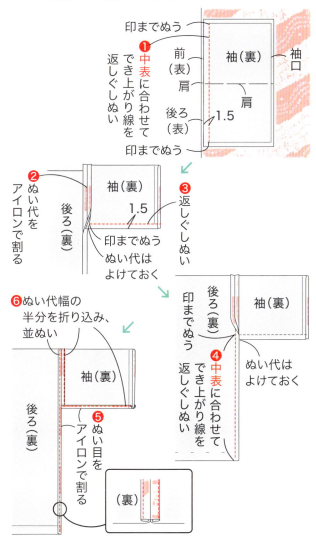

2. えりぐりをぬう

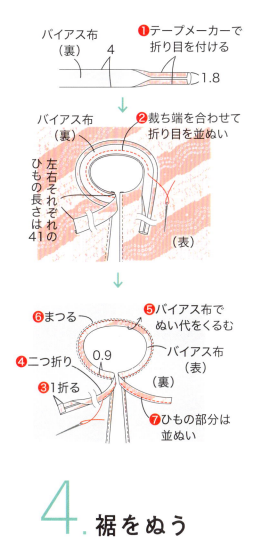

4. 裾をぬう

5. 袖口をぬう

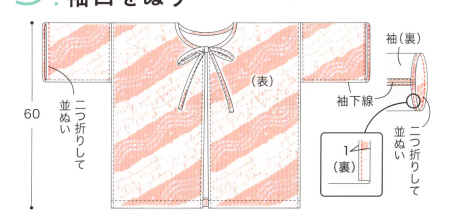

D パフスリーブのワンピース

着物の素材
縮緬

▶ p.10

使用する布

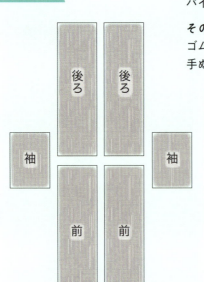

材料〈着物〉
前　36幅 × 115.5・117.5・119.5　2枚
後ろ　36幅 × 115.5・117.5・119.5　2枚
袖　36幅 × 49　2枚
バイアス布用　36幅 × 40　1枚

その他の材料
ゴムテープ　0.7幅 × 23　2本
手ぬい糸

※単位はcm

製図

※○の数字はぬい代

えりぐりの実物大型紙はp.87をご覧ください

丈の選び方
身長156cm → 115.5
身長160cm → 117.5
身長162cm → 119.5

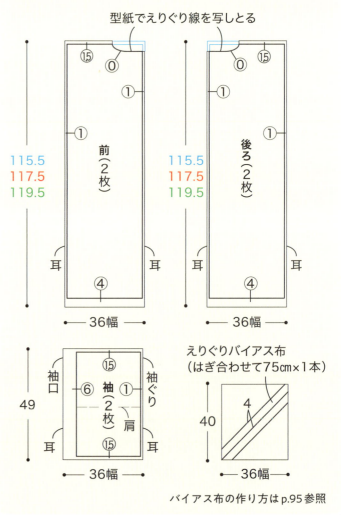

えりぐりバイアス布（はぎ合わせて75cm×1本）

バイアス布の作り方はp.95参照

1. 前・後ろ中心をぬう

2. 肩を袋ぬい

3. えりぐりをバイアス布でくるむ

1〜3は、Aノースリーブのワンピース（p.44〜45）と同じです。

4. 袖を付け、袖下から脇を割り伏せぬい

5. 袖口をぬう

6. 裾をぬう

7. 袖口にゴムテープを通す

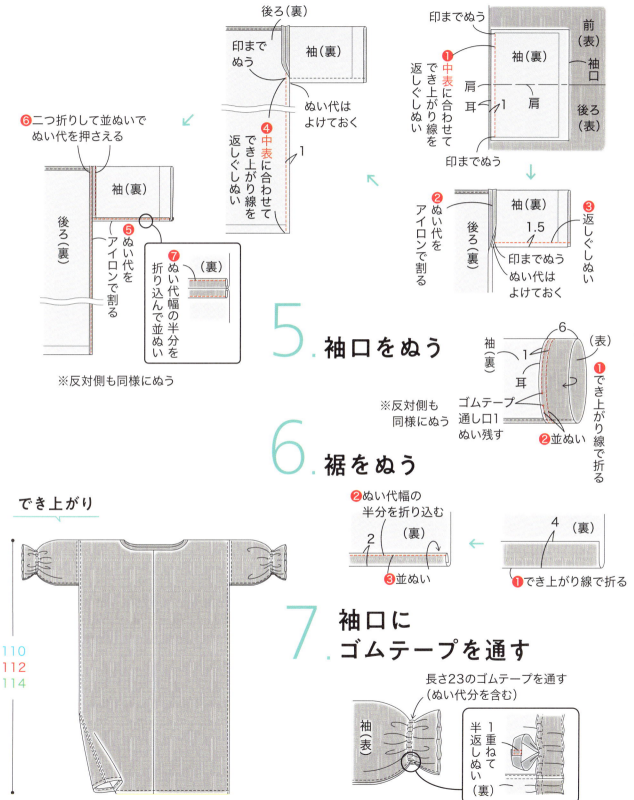

着物の素材 — 絽

チュニック E

▶ p.12

使用する布

後ろ／前（2枚）
ゴムテープ通し布

材料〈着物〉
前・後ろ　36幅×140　2枚
ゴムテープ通し布　2.5×22　2枚

その他の材料
ゴムテープ　0.7幅×17　2本
手ぬい糸

※単位はcm

「耳」を利用してリメイクをより簡単に

着物地の端は「耳」といって、ほつれや縮みがないように作られています。この本では耳を生かし、着物地をそのまま使っているので、布端のほつれや布の伸縮を気にせずぬえます。

製図

※○の数字はぬい代

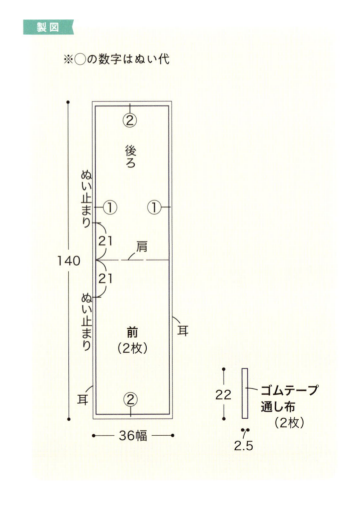

後ろ／前（2枚）／耳
①／②／肩／ぬい止まり／21／21／140／36幅
ゴムテープ通し布（2枚）　22／2.5

1. 前・後ろ中心をぬう

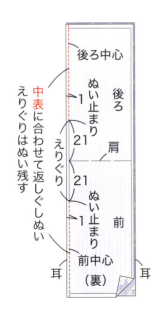

中表に合わせて返しぐしぬい　えりぐりはぬい残す

後ろ中心／ぬい止まり／1／21／えりぐり／肩／21／1／ぬい止まり／前／前中心（裏）／耳／耳

4. 前・後ろを合わせて脇をぬう

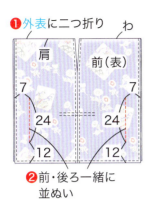

5. 前・後ろにゴムテープを通す

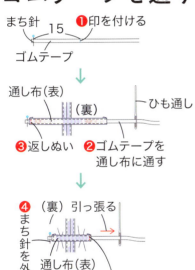

でき上がり

2. 前・後ろ中心を割り伏せぬいしてから、周囲をぬう

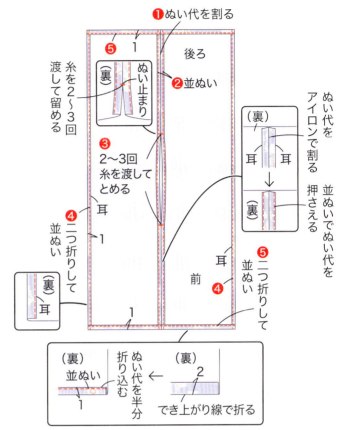

3. ゴムテープ通し布を付ける

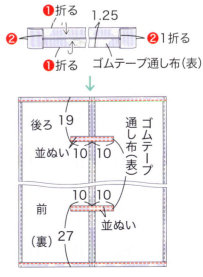

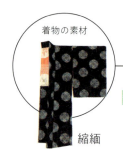
着物の素材
縮緬

縮緬

ブラウス F

▶ p.14

使用する布

材料〈着物〉
A　前・後ろ　36幅×78　2枚
B　前・後ろ　18幅×78　2枚

その他の材料
手ぬい糸

※単位はcm

製図

※○の数字はぬい代

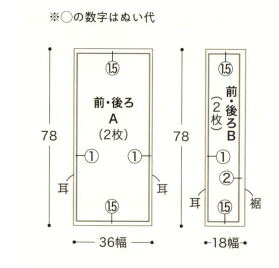

割り伏せぬいでぬい代をきれいに

ブラウスはえりぐりから肩、脇を割り伏せぬい（p.94）で仕上げます。ぬい代を両側に折ってステッチで押さえるので布端が肌に当たらず、裏側もきれいです。

1. 前・後ろのAとBをぬい合わせる

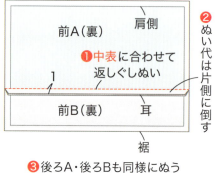

❶ 中表に合わせて返しぐしぬい
❷ ぬい代は片側に倒す
❸ 後ろA・後ろBも同様にぬう

2. 肩とえりぐりをぬう

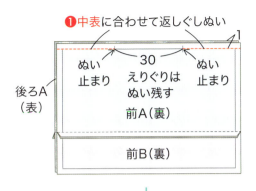

5. 裾をぬう

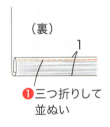

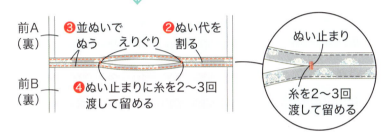

3. 脇をぬう

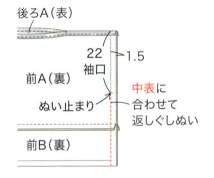

4. 袖口から脇を続けて割り伏せぬい

でき上がり

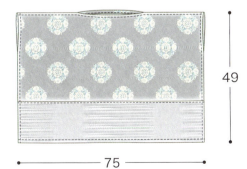

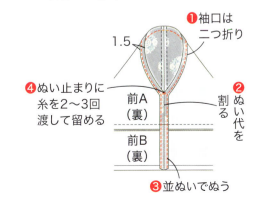

ロングコート G

▶ p.16

着物の素材: 紗

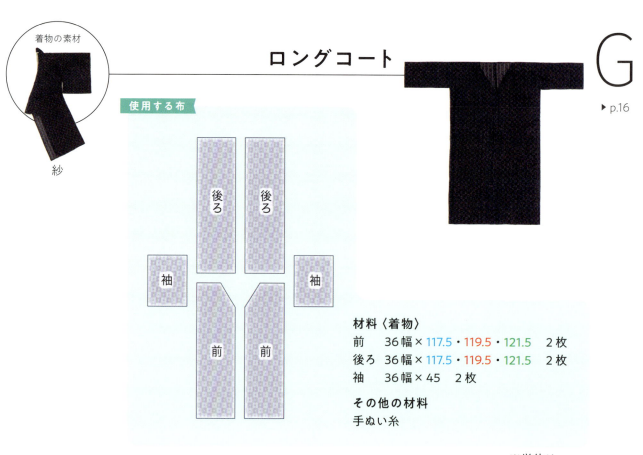

使用する布

材料〈着物〉
前　36幅×117.5・119.5・121.5　2枚
後ろ　36幅×117.5・119.5・121.5　2枚
袖　36幅×45　2枚

その他の材料
手ぬい糸

※単位はcm

製図

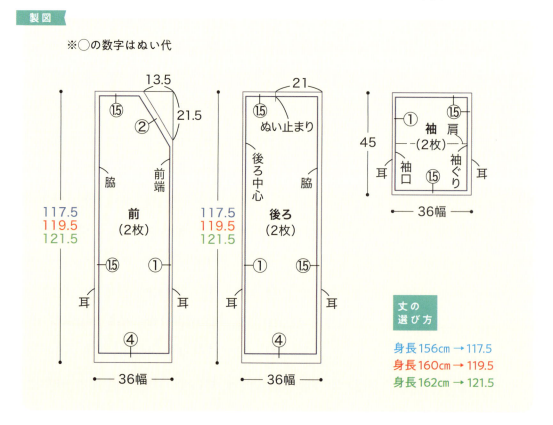

※○の数字はぬい代

丈の選び方
身長156cm → 117.5
身長160cm → 119.5
身長162cm → 121.5

1. 前端をぬう

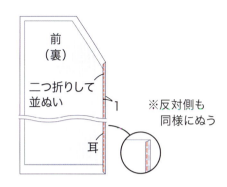

2. 後ろ中心をぬう

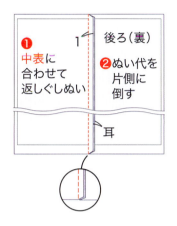

3. 肩を割り伏せぬい

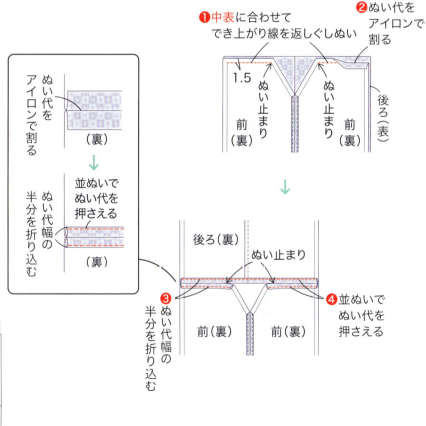

4. 袖を付ける

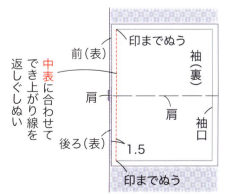

5. 袖下から脇を割り伏せぬい

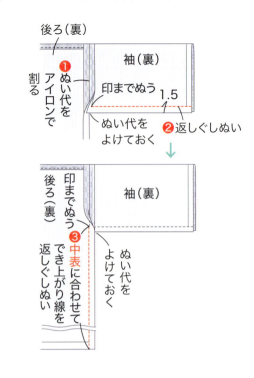

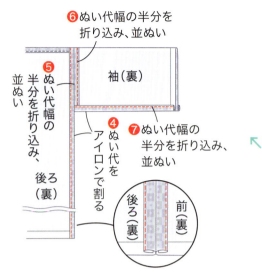

7. 袖口をぬう

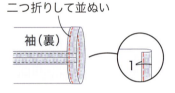

※反対側も同様にぬう

6. えりぐりを三つ折りしてぬう

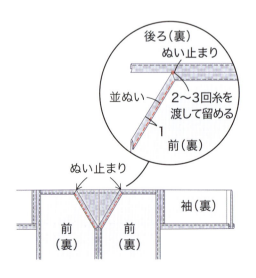

8. 裾をぬう

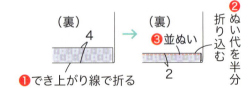

でき上がり

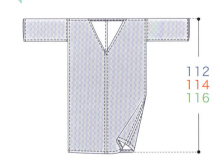

112
114
116

ハーフコート H

▶ p.18

着物の素材: 絽

使用する布

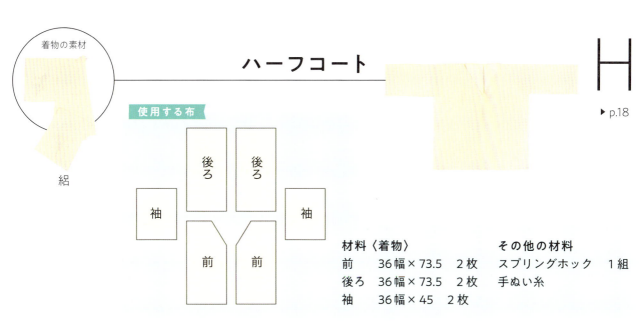

材料〈着物〉
前　36幅×73.5　2枚
後ろ　36幅×73.5　2枚
袖　36幅×45　2枚

その他の材料
スプリングホック　1組
手ぬい糸

※単位はcm

製図

※○の数字はぬい代

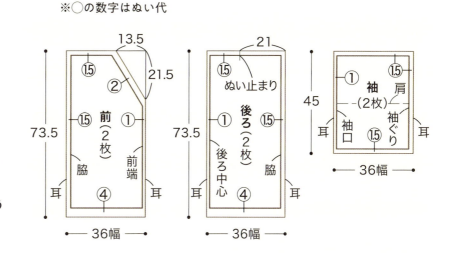

1. 前端をぬう
2. 後ろ中心をぬう
3. 肩を割り伏せぬい
4. 袖を付ける
5. 袖下から脇を割り伏せぬい
6. えりぐりを三つ折りしてぬう
7. 袖口をぬう
8. 裾をぬう

1〜8はGロングコート（p.56）と同じです。

9. **スプリングホックを付ける**

でき上がり

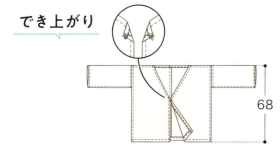

スプリングホックの付け方

【カギ型ホック】【ループ型ホック】

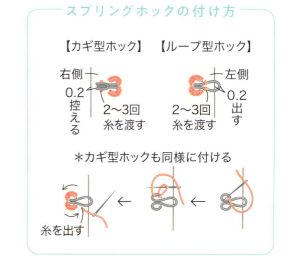

＊カギ型ホックも同様に付ける

羽織るベスト

着物の素材

絣

▶ p.20

使用する布

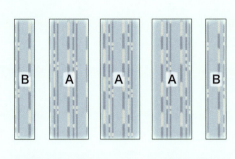

材料〈着物〉
A　36幅×106　3枚
B　18幅×106　2枚

その他の材料
手ぬい糸

※単位はcm

製図

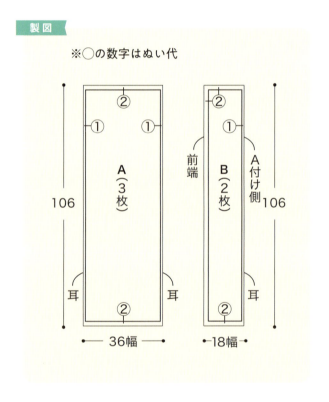

※○の数字はぬい代

A（3枚）　106　36幅
B（2枚）　106　18幅
前端／A付け側／耳

丈夫にしたいところは返しぐしぬいで

返しぐしぬいは、2〜3針並ぬいして1針分戻り、2〜3針進む…をくり返すぬい方(p.92参照)。ベストはこのぬい方で布をつなぎ、丈夫に仕上げています。

1. 袖口をぬい残してA・Bをぬう

2. 周囲をぬう

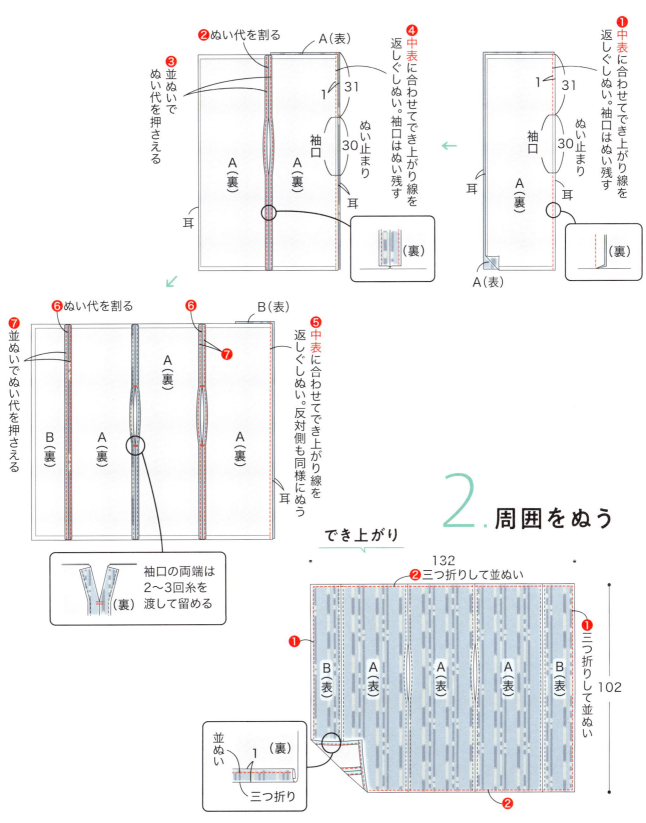

着物の素材
紬

リボン結びのベスト

使用する布

J
▶ p.22

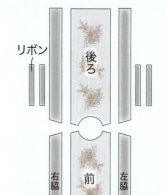
リボン / 後ろ / 右脇 / 前 / 左脇

材料〈着物〉
前・後ろ中央布　36幅× 101・103・105　2枚
前・後ろ右脇布　11 × 99.5・101.5・103.5　2枚
前・後ろ左脇布　11 × 99.5・101.5・103.5　2枚
リボン　4.5 × 32　4枚
バイアス布用　36幅× 40　1枚

その他の材料
手ぬい糸

1. 中央布と脇布をぬう

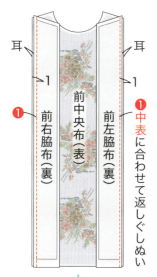

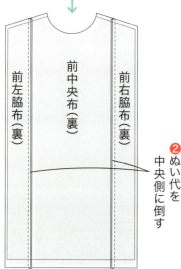
※後ろも同様にぬう

※単位はcm

製図

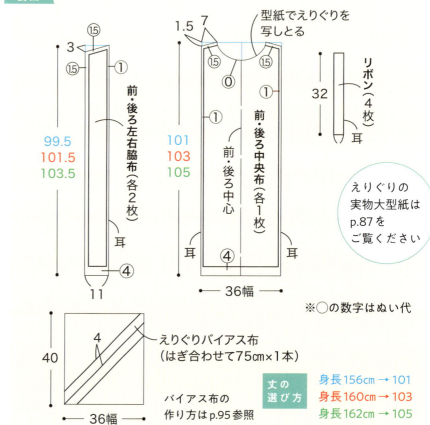

型紙でえりぐりを写しとる

えりぐりの実物大型紙は p.87 をご覧ください

※○の数字はぬい代

えりぐりバイアス布（はぎ合わせて75cm×1本）
バイアス布の作り方はp.95参照

丈の選び方
身長156cm → 101
身長160cm → 103
身長162cm → 105

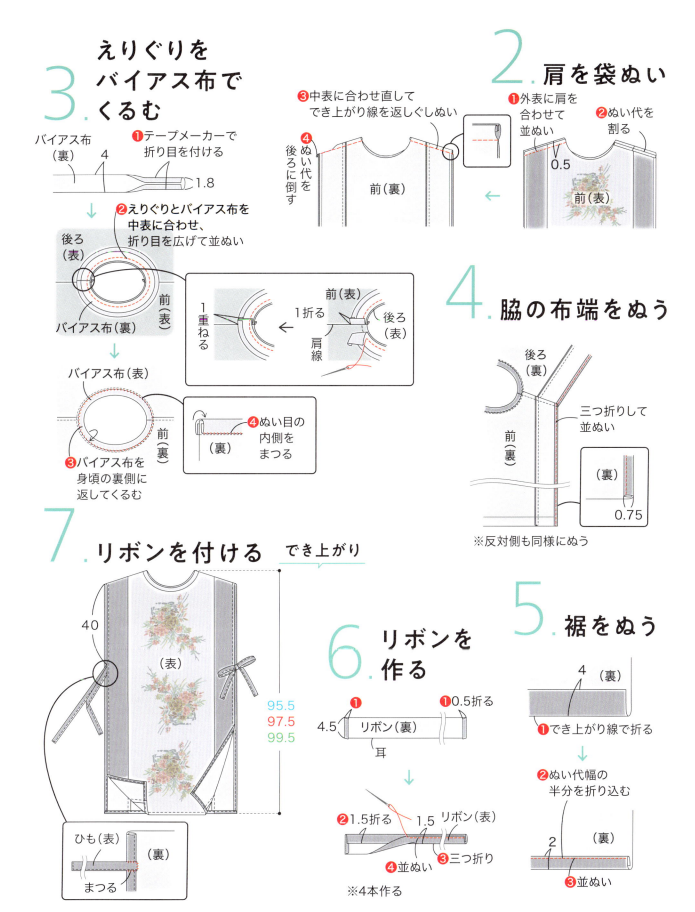

エプロン風ジャンパースカート

紬　着物の素材

▶ p.24

使用する布

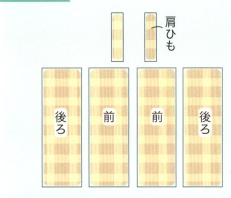

材料〈着物〉
前・後ろ　36幅×103・105・108　4枚
肩ひも　10.5×43　2枚

その他の材料
手ぬい糸

※単位はcm

製図

※○の数字はぬい代

前・後ろ（4枚）
103 / 105 / 108
36幅
耳
⑤ ① ① ④

肩ひも（2枚）
43
10.5
耳

丈の選び方
身長156cm → 103
身長160cm → 105
身長162cm → 108

1. 身頃をぬい合わせる

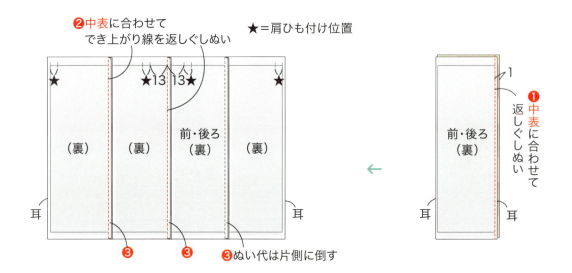

❷ 中表に合わせてでき上がり線を返しぐしぬい
★＝肩ひも付け位置
★13 13★
（裏）
❸ ぬい代は片側に倒す
耳

❶ 中表に合わせて返しぐしぬい
前・後ろ（裏）
耳

2. 周囲をぬう

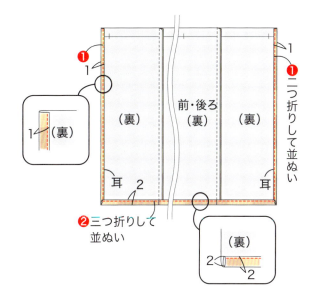

3. 上端をぬう

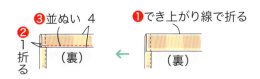

4. 肩ひもを作る

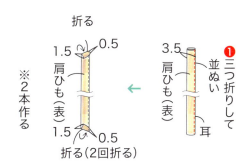

5. 肩ひもを付ける

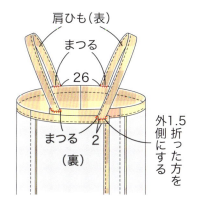

でき上がり

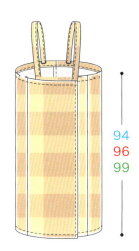

肩リボンのジャンパースカート

着物の素材

銘仙

使用する布

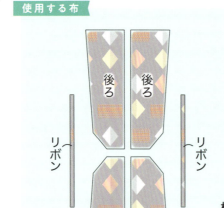

▶ p.26

材料〈着物〉
前・後ろ　36幅× 103・105・107　4枚
リボン　　3.5×100　2枚

その他の材料
手ぬい糸

※単位はcm

1. 前・後ろ中心をぬう

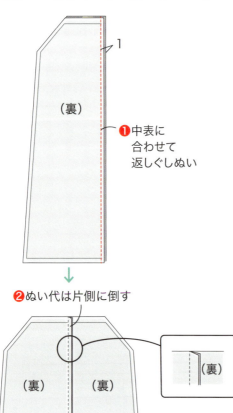

❶ 中表に合わせて返しぐしぬい

❷ ぬい代は片側に倒す

製図

※○の数字はぬい代

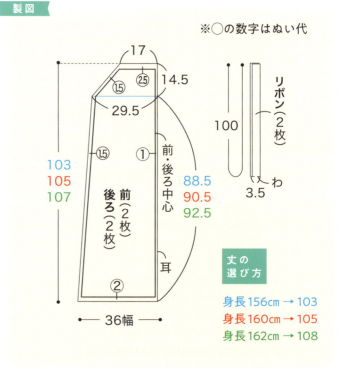

丈の選び方

身長156cm → 103
身長160cm → 105
身長162cm → 108

5. 裾をぬう

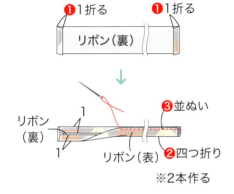

6. リボンを作って通す

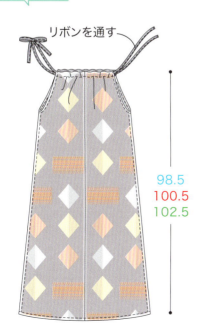

でき上がり

98.5
100.5
102.5

2. 脇を割り伏せぬい

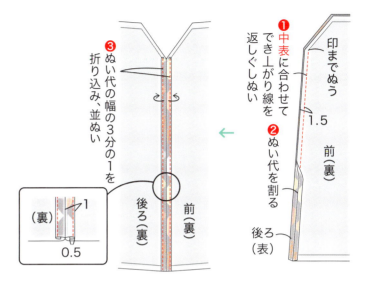

3. 袖ぐりをぬう

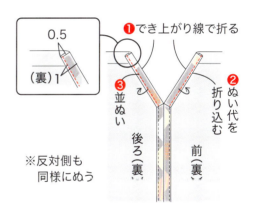

※反対側も同様にぬう

4. 上端をぬう

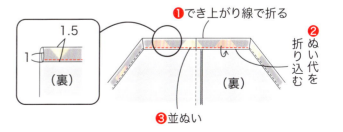

ロングストール M

▶ p.27

着物の素材: 縮緬

使用する布

材料〈着物〉
18幅×204　1枚

その他の材料
手ぬい糸

※単位はcm

1. 二つ折りしてぬう

❶ 中表に二つ折りする
❷ 返しぐしぬいしてぬい代を割る
❸ 表に返す

2. 両端をぬい合わせる

❶ 2回ひねる
❷ 両端を合わせる
❸ 内側2枚だけを合わせて並ぬい
　この部分はよける
❹ 布をひらく
❺ よけた部分を内側に折り、コの字まつり

でき上がり　202

製図

※○の数字はぬい代

204 / 18幅 / 耳 / ①

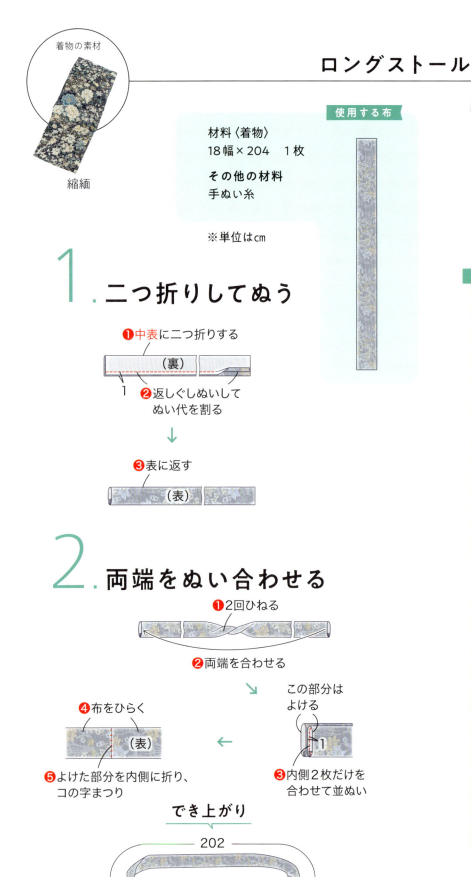
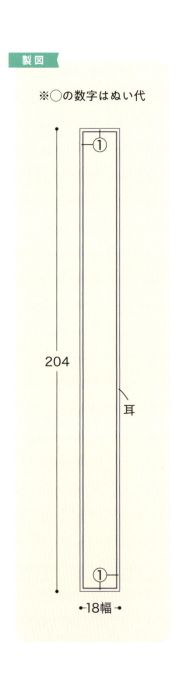

N

▶ p.28

ゆったりスカーフ

着物の素材
銘仙
絞り

使用する布

材料〈着物〉
36幅×100　2枚

その他の材料
手ぬい糸

※単位はcm

製図

※○の数字はぬい代

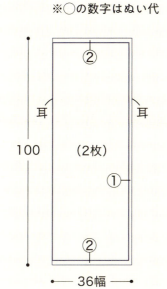

100
(2枚)
36幅

でき上がり

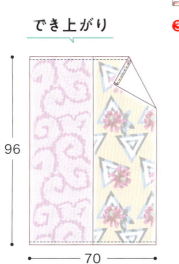

96
70

布2枚をぬい合わせてから、両端をぬう

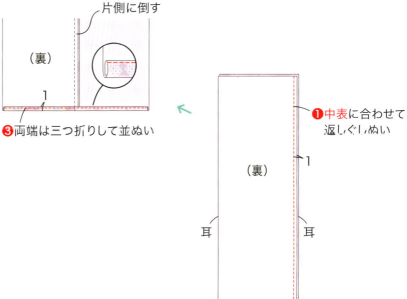

❶ 中表に合わせて返しぐしぬい
❷ ぬい代を片側に倒す
❸ 両端は三つ折りして並ぬい

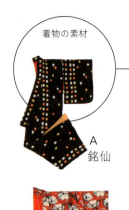

A 銘仙

B 銘仙

パネルスカート

▶ p.30

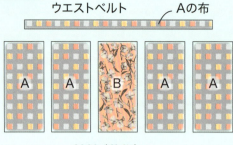

使用する布

ウエストベルト　Aの布

材料〈着物〉
A　36幅×76・80・82　4枚
B　36幅×76・80・82　1枚
ウエストベルト（Aの布）　8×172　1枚

その他の材料
ゴムテープ　2幅×ウエスト寸法の95％の長さ
手ぬい糸

※単位はcm

製図

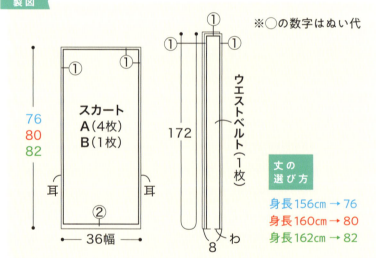

※○の数字はぬい代

スカート A（4枚） B（1枚）
76 / 80 / 82
36幅
耳　耳

ウエストベルト（1枚）
172
8　わ

丈の選び方
身長156cm → 76
身長160cm → 80
身長162cm → 82

1. スカートA・Bをぬい合わせる

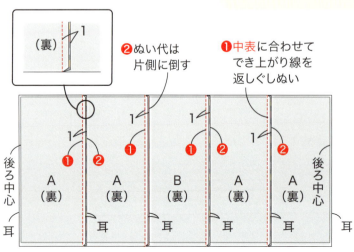

（裏）
❶中表に合わせてでき上がり線を返しぐしぬい
❷ぬい代は片側に倒す

後ろ中心　A（裏）　A（裏）　B（裏）　A（裏）　A（裏）　後ろ中心
耳　耳　耳　耳　耳　耳

3. ウエストベルトを作る

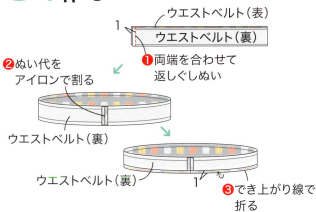

2. 後ろ中心をぬう

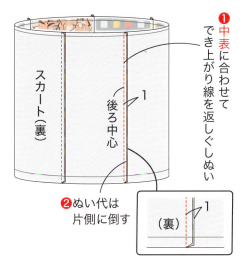

5. 裾をぬう

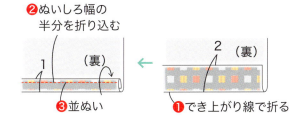

4. ウエストベルトを付ける

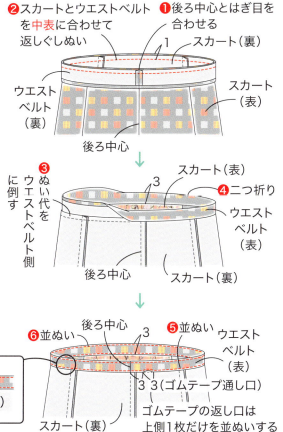

6. ウエストベルトにゴムテープを通す

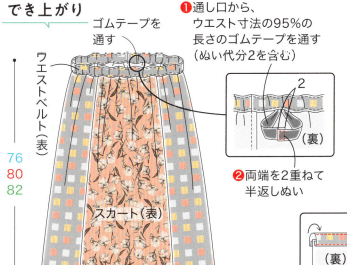

着物の素材
A
B
縮緬

バイカラーのスカート

▶ p.31

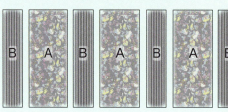

使用する布

ウエストベルト　Aの布

B A B A B A B

材料〈着物〉
A　36幅×82・86・88　3枚
B　18幅×82・86・88　4枚
ウエストベルト（Aの布）
　8×161　1枚

その他の材料
ゴムテープ
　2幅×ウエスト寸法の95％の長さ
手ぬい糸

※単位はcm

製図

丈の選び方
身長156cm → 82
身長160cm → 86
身長162cm → 88

※○の数字はぬい代

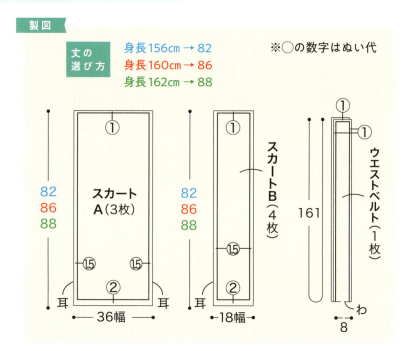

スカートA（3枚）　36幅
スカートB（4枚）　18幅
ウエストベルト（1枚）　161　8　わ

1. スカートA・Bをぬい合わせる

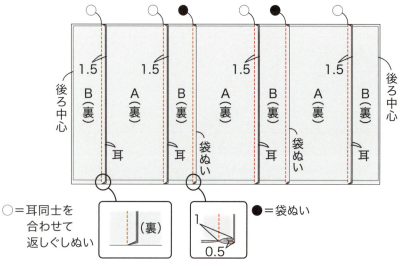

○＝耳同士を合わせて返しぐしぬい
●＝袋ぬい

後ろ中心　B（裏）耳　A（裏）耳　B（裏）耳　A（裏）袋ぬい　B（裏）耳　A（裏）袋ぬい　B（裏）耳　A（裏）耳　B（裏）耳　後ろ中心

1.5

72

3. ウエストベルトを作る

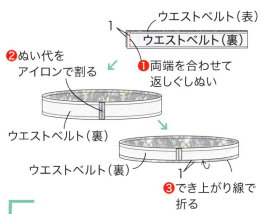

2. 後ろ中心を袋ぬい

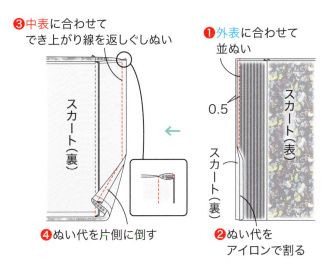

5. 裾をぬう

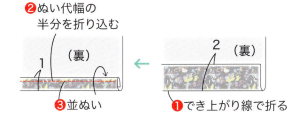

4. ウエストベルトを付ける

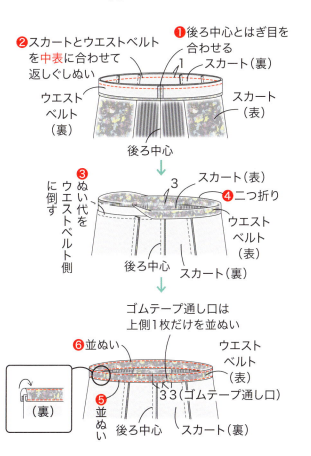

6. ウエストベルトにゴムテープを通す

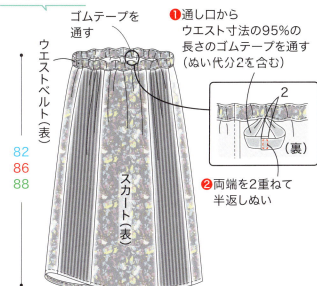

ワイドパンツ

▶ p.32, p.33

銘仙

大島紬

使用する布

材料〈着物〉
前・後ろ　36幅×95　4枚
まち　28×28　1枚

その他の材料
ゴムテープ　2幅×ウエスト寸法の95%の長さ
手ぬい糸

※単位はcm

製図
※○の数字はぬい代

パンツ
前(2枚)
後ろ(2枚)

まち(1枚)

1. 前・後ろの脇をぬう

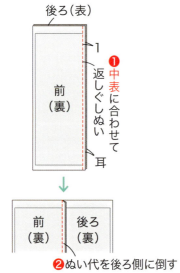

❶ 中表に合わせて返しぐしぬい
❷ ぬい代を後ろ側に倒す

2. 股上をぬう

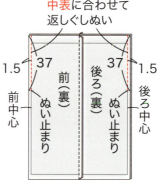

中表に合わせて返しぐしぬい

3. 股下にまちを付ける

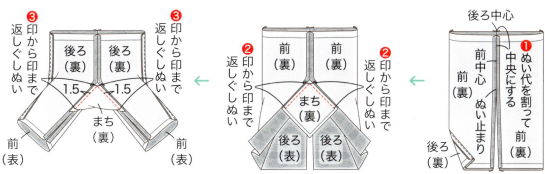

4. 股下をぬう

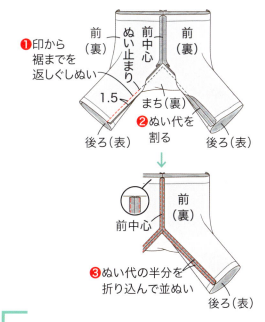

5. ウエストをぬう

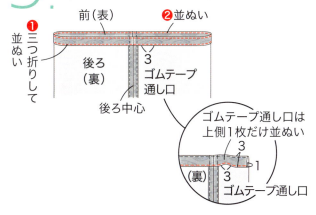

6. 裾をぬう

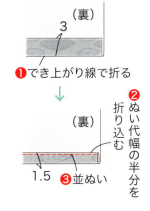

7. ウエストにゴムテープを通す

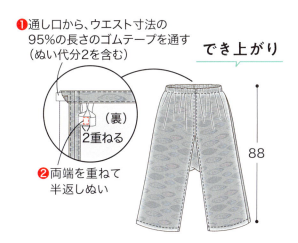

ショルダーバッグ R

▶ p.34

着物の素材

銘仙

使用する布

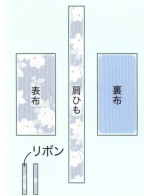

表布／肩ひも／裏布／リボン

材料〈着物〉
- 表布　36幅×72　1枚
- 肩ひも　14×156　1枚
- リボン　4×27　2枚
- 裏布　36幅×72　1枚

その他の材料
手ぬい糸

※単位はcm

着物地を余さず使って

ショルダーバッグは、ワイドパンツ（p.32）と同じ着物で作っています。1枚の着物をフルに使って、おそろいの服と小物を作れるのもリメイクの楽しさです。

製図

※○の数字はぬい代

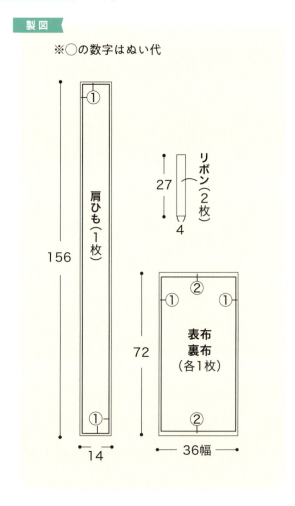

肩ひも（1枚）　156　14
リボン（2枚）　27　4
表布・裏布（各1枚）　72　36幅

1. リボンを作る

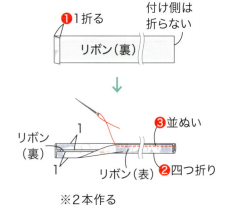

❶1折る　付け側は折らない
リボン（裏）

リボン（裏）1　1　リボン（表）
❷四つ折り
❸並ぬい

※2本作る

2. 布と合わせ、入れ口をぬう

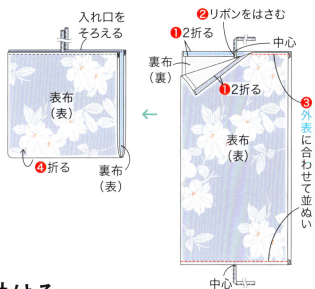

3. 肩ひもを付ける

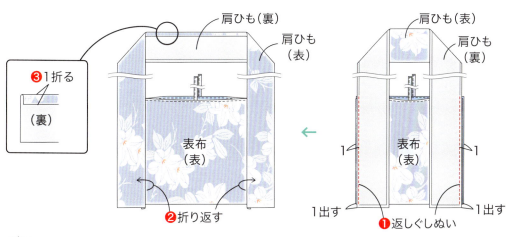

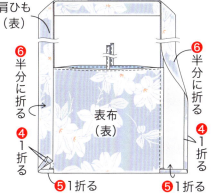

でき上がり

着物の素材

銘仙

ポシェット S

▶ p.35

使用する布

表布
裏布
ポケット

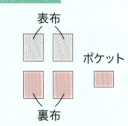

製図

※○の数字はぬい代

表布
裏布
(各2枚)

ポケット
(1枚)

材料〈着物〉
表布　18幅×24　2枚
裏布　18幅×24　2枚
ポケット布　18×14　1枚

その他の材料
帯締め(肩ひも) 1本
ボタン　直径1.5×1個
プラスチックスナップ　直径1.3×1組
手ぬい糸

※単位はcm

1. 表布・裏布・ポケットをぬう

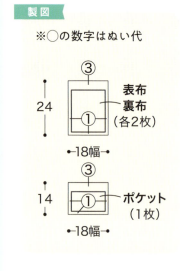

❶ 中表に合わせて返しぐしぬい
❷ 裏布も同様にぬう
❸ ポケット口を三つ折りして並ぬい
❹ 底を折って並ぬい
❺ 3折る
❻ プラスチックスナップをつける

2. 表布・裏布をぬい合わせる

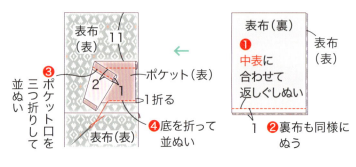

❶ 表布の入れ口を3折る
❷ まちを折る
❸ 表布と裏布を重ねる
❹ 表布と裏布を一緒に返しぐしぬい
❺ 表布の間から表に返す

3. 仕上げる　でき上がり

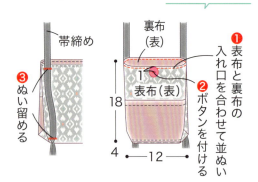

❶ 表布と裏布の入れ口を合わせて並ぬい
❷ ボタンを付ける
❸ ぬい留める

エコバッグ

▶ p.36

使用する布

材料〈着物〉
袋布 36幅×90 1枚
持ち手 11×42 2枚

その他の材料
手ぬい糸

※単位はcm

製図
※○の数字はぬい代

袋布(1枚) 36幅 × 90、ぬい代 1.5/1/1.5
耳 / 底 / 耳

持ち手(2枚) 11 × 42、ぬい代 0.5/1/0.5
耳

1. 脇をぬう

❶ 外表に二つ折り
❷ 並ぬい
❸ 中表にして返しぐしぬい
0.5、1
わ

2. まちを折って底をぬう

❶ 折る
❷ 底をぬう
❸ 表に返す
半返しぬい
返しぐしぬい
7、1、7
袋布(裏)

3. 持ち手を作って付ける

でき上がり
36.5 × 35

持ち手(裏)
❶ 三つ折りして並ぬい
0.5
耳

❷ 返しぐしぬい
❸ 反対側も同様にぬう
0.5、4、0.5
袋布(表) 脇 持ち手(表)

❹ 持ち手を上へ折り返して並ぬい
0.8
持ち手(表) / 袋布(表)

着物の素材
縮緬

シンプル手さげ U

▶ p.37

使用する布

材料〈着物〉
表布　32×66　1枚
裏布　32×66　1枚

その他の材料
接着芯　6×29　1枚
ひも（持ち手）　48　2本
手ぬい糸

※単位はcm

製図

※○の数字はぬい代

表布
裏布
（各1枚）
66
32
①
①

1. 裏布に接着芯を貼る

2. 表布と裏布を合わせてぬう

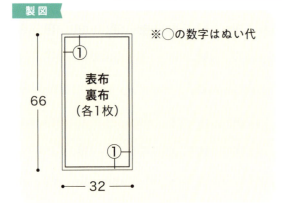

❶表布の間から表に返す
❹四隅の角をカットする
❸表布・裏布一緒に返しぐしぬい
❷表布・裏布それぞれ中表に二つ折りして重ねる
裏布（裏）
表布（裏）
1　1

❶1折る
表布（裏）
❶1折る
※裏布も同様に折る

3. ひも（持ち手）をはさんで入れ口をぬう

でき上がり

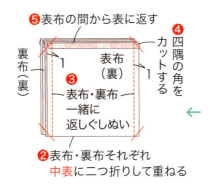

32
30

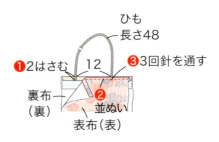

ひも 長さ48
❶2はさむ
12
❸3回針を通す
裏布（裏）
❷並ぬい
表布（表）

80

着物の素材
銘仙

トートバッグ

▶ p.37

使用する布

表布　裏布

材料〈着物〉
表布　36幅×66　1枚
裏布　36幅×54　1枚

その他の材料
グログランリボン（持ち手）
　3.6幅×48　2本
羽織ひも　1組
手ぬい糸

※単位はcm

製図

※○の数字はぬい代

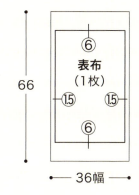
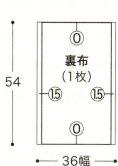

1. 表布・裏布を中表に折る

表布（裏）
中表に二つ折り

裏布（裏）
中表に二つ折り

着物まわりの小物を利用して

トートバッグには飾りに羽織ひもを使っています。着物や羽織だけでなく、こんな風に小物をアクセントにできるのも手作りならではです。

4. 入れ口をぬう

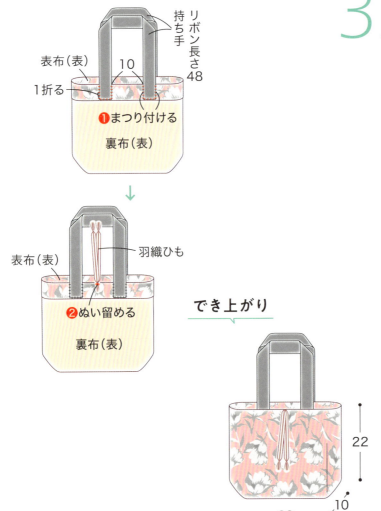

2. 表布・裏布を合わせて脇をぬう

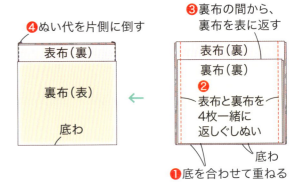

5. 持ち手と羽織ひもを付ける

3. まちをぬう

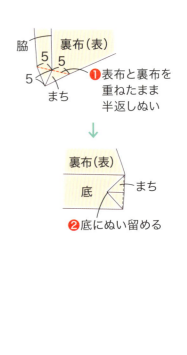

でき上がり

着物の素材

繻子

PCケース

▶ p.38

使用する布

材料〈着物〉
帯　30 × 52　1枚

その他の材料
ボタン　直径3 × 1個
マグネットホック　1組
手ぬい糸

※単位はcm

製図

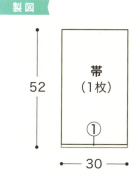

※○の数字はぬい代

帯（1枚）
52
①
30

1. 布端をぬう

❶裁ち端を内側に1折り込んでぬい代を合わせる

❷コの字まつりでまつる

2. 折り畳んで脇をぬい、仕上げる

でき上がり

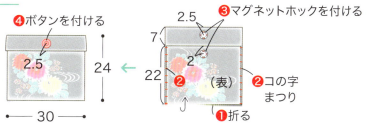

❹ボタンを付ける
❸マグネットホックを付ける
❷コの字まつり
❶折る

2.5 / 24 / 30 / 7 / 2 / 22 / 2.5

マグネットホックの付け方

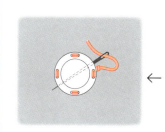  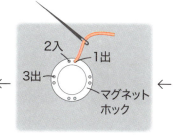 

玉留めして下をくぐらせ糸を引き、マグネットホックのきわで糸を切る ← 1周ぬう ← 1カ所に2〜3回糸を渡す ← 玉結びを作り、付け位置の中心に針を入れてひと針すくう

着物の素材
風通

リュック

▶ p.38

使用する布

ループ
表布
裏布

材料〈着物〉
表布　36幅×84　1枚
ループ(表布と同じ)　3×10　1枚
裏布　36幅×84　1枚

その他の材料
グログランリボン(肩ひも)　3.6幅×160　1本
ボタン　直径3　1個
手ぬい糸

※単位はcm

製図

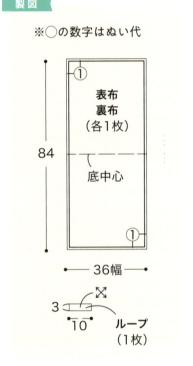

※○の数字はぬい代

表布
裏布
(各1枚)

84

底中心

36幅

3
10
ループ
(1枚)

1. まちを作る

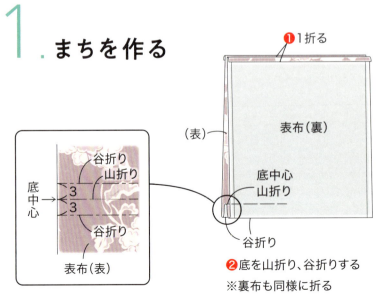

❶1折る
(表)
表布(裏)
底中心
山折り
谷折り

底中心
谷折り
3
3
山折り
谷折り
表布(表)

❷底を山折り、谷折りする
※裏布も同様に折る

84

5. 肩ひも（グログランリボン）を付ける

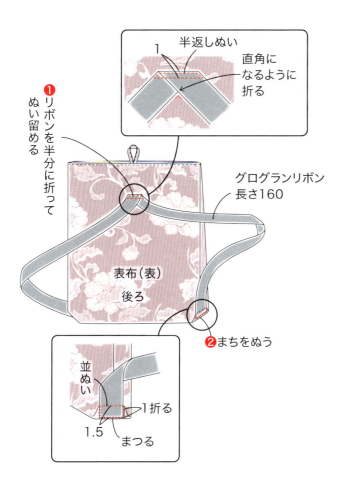

2. 表布と裏布を重ねてぬう

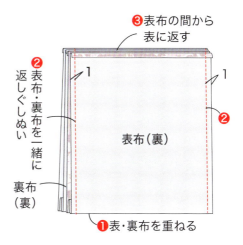

3. ループを作る

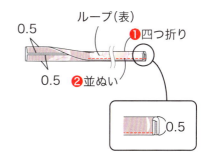

4. ループをはさんで入れ口をぬう

着物リメイクに向く素材

さまざまな素材で作られている着物。
この本で使ったリメイクに向く針通りのなめらかな素材や柄をご紹介します。

紬（つむぎ）

紬糸で織られた平織の絹素材で、糸の節目が表面に表れた独特な風合いが魅力です。大島紬、結城紬、塩沢紬など日本各地に独自の織り方や柄行があり、今も受け継がれています。

絽（ろ）

着心地の涼しい薄手の絹素材。夏着物の代表といわれ、等間隔に透かし目（すき間）が織り込んであります。見た目にも透け感があり、リメイクの仕上がりもとても軽やかです。

縮緬（ちりめん）

表面にしぼと呼ばれる凹凸がある、緯糸に強い撚りをかけて織った絹素材です。しぼの大きさはさまざまあり、しっとりと柔らかい手触り。リメイクした服は肌になじむ仕上がりに。

絞り（しぼり）

絞り染め（布を糸で絞ってから染める）をした絹素材です。絞りの大きさや柄行はさまざまありますが、絞り部分が空気を含むので手触りふっくら。着心地が暖かです。

銘仙（めいせん）

ハリと艶のある平織の絹素材で、大正から昭和時代にかけ、若い女性のおしゃれ着として人気になりました。大胆な色柄が多いのも特徴。裁ち端がほつれやすいので気を付けましょう。

絣（かすり）

経糸か緯糸、またはその両方に絣糸を用いて模様を浮かび上がらせた、絹や木綿の織物（写真は優しい風合いの木綿の久留米絣）。柄の輪郭がかすれて見えるのが特徴です。

繻子（しゅす）

しっとりとした手触りとなめらかな光沢が魅力の絹素材です。経糸か緯糸のどちらかを表面に長く浮かせた独特な織り方で、帯や半襟、洋服にも使われます（写真は帯）。

綸子（りんず）

繻子織の一種で、経糸・緯糸ともに撚らない糸を使って織り上げた絹素材です。織り方によって地紋が浮かび上がるのが特徴。柔らかくなめらかな手触りで、落ち着いた風合いです。

風通（ふうつう）

二重織の一種。表裏に異なる色の糸を使い、模様部分でその糸を交差するので、表裏で色違いの模様が織り出されます。袋状の組織に空間ができることから、"風通"と名付けられました。

格子（こうし）や縞（しま）

織りによって生み出される模様で、絹織物が広まった江戸時代中期から、庶民の間でも日常着として親しまれるようになりました。カジュアルなイメージのリメイクもできます。

えりぐりの実物大型紙

えりぐりがカーブしている作品には、以下の実物大型紙を使いましょう。
型紙の使い方はp.43をご覧ください。

A ノースリーブのワンピース ▶▶▶ p.6（作り方p.44）
D パフスリーブのワンピース ▶▶▶ p.10（作り方p.50）

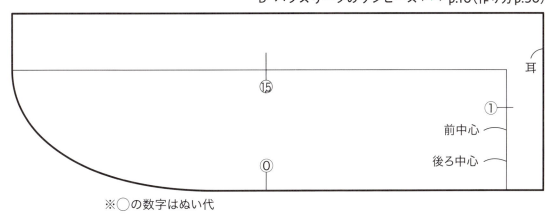

※◯の数字はぬい代

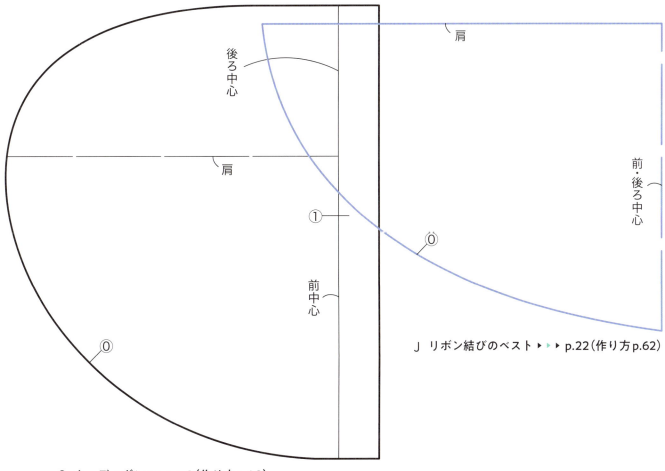

C カーディガン ▶▶▶ p.9（作り方p.48）

J リボン結びのベスト ▶▶▶ p.22（作り方p.62）

着物リメイクの基礎

道具やぬい方など、着物リメイクを楽しむための基本をご紹介します。

手元にそろえたい道具

上の数字は針の太さを表す。「四」は細めの絹針、「三」はやや太めの木綿針。

下の数字は針の長さを表す。「三」は長さ39.4mmで普通。「二」、「一」と数字が小さくなるほど短く、「三半」「四」と大きくなるほど長くなる。

手ぬい針

「四ノ三」は薄地から普通地まで使えて、布通りがよくぬいやすい細めの絹針。長さは使いやすいものを選ぶ。

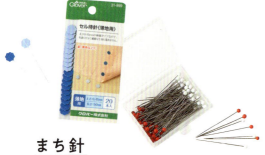

まち針

布通りがよく、針跡が目立たないものがよい。左は太さ0.45mmの超極細タイプ。長いので布をまとめて留めるときに便利。右は太さ0.5mmの極細タイプ。

打ち方 ▶▶ p.90

手ぬい糸

丈夫でぬいやすいポリエステルの手ぬい専用糸。手ぬいに適した右撚りの糸なので、よじれにくくなめらかなぬい心地。ボビンやカード台紙に巻いたタイプなどがある。着物地に合う色を選ぶ。

裁ちばさみ

布を裁つときの専用はさみ。シャープな切れ味を長く保つために、紙などは切らない方がよい。

糸切りばさみ

糸を切るときやぬい目をほどくときに使う。細かい作業には手芸用はさみも便利。

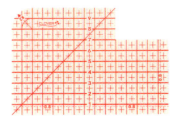

アイロン定規

布をまっすぐに折り返す際に使う。布の上に置き、定規の目盛りに合わせて布を折り、上からアイロンをかけて折り目を付けられる。

ピンクッション

針を刺しておく針山。お気に入りの着物の端切れで手作りしても楽しい。

目打ち

布目を整えたり、糸をほどく際に使う。

チャコペン

着物地にでき上がり線などを写すペンシル型のチャコ。水で消えるもの、時間が経つと消えるものがある。

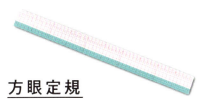

方眼定規

方眼の線が入っているので、ぬい代の印を付けたりバイアス布を作るときに役立つ。

メジャー

採寸や曲線の長さを測るときに使う。150cm以上ある、目盛りの読みやすいものがよい。

ひも通し

スカートのウエストなどに、15mm幅以上のゴムテープやひもを通す道具。クリップ式だと使い方も簡単。

糸通し

右側のボタンを押すだけで針穴に糸を通せる「デスクスレダー」。作業効率がアップする。

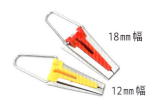

18mm幅
12mm幅

テープメーカー

えりぐりなどの仕上げに使うバイアス布（布目に対して45度に裁った細い布。伸縮性がある）を作る道具。簡単に手間なく布にきれいな折り目が付く。

使い方 ▶▶ p.90

よく使う言葉

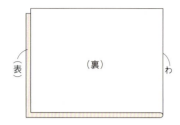

〈わ〉

布地を二つに折ったときにできる部分。こうすると左右対称の身頃などを片方分で裁断できる。

〈中表〉

布地の表面と表面を内側に合わせること。本書では「中表」と赤い文字で表記。

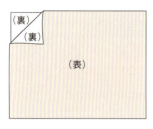

〈外表〉

布地の裏面と裏面を内側に合わせること。本書では「外表」と青色の文字で表記。

道具の使い方

テープメーカー

バイアス布（作り方はp.95参照）をテープメーカーに入れ、針などで出し口まで押し出し、ゆっくり引き出しながらアイロンで折り目を付ける。

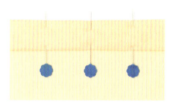

まち針の打ち方

針先をぬい代側に向け、ぬう方向に対して直角に打つ。

リメイクのコツ

糸は ぬいやすい長さで

糸は、針を持って肘を曲げたときに、肘から約15cmほど長いくらいがぬいやすい。長すぎるとぬいにくくなる。

ぬい始めとぬい終わり

ぬい始め

❸ぬい進める。 ← ❷もうひと針返しぬいをする。 ← ❶ひと針ぬい、針を最初の玉結びに戻してひと針返しぬいをする。

玉結びのしまい方

❷ふた針返して、ぬい進める。 ← ❶ひと針分先にぬい代の内側から針を出す。

ぬい終わり

❸ひと針返して糸を切る。 ← ❷ぬい終わりの糸を針先に2～3回巻き付け、巻いたところを指先で押さえて、糸を抜く（玉留め）。 ← ❶ぬい終わりの糸をふた針返す。

玉留めのしまい方

❷表側に針を出して、糸を切る。 ← ❶ふた針返しぬいをしたら、針をぬい代の内側に出して玉留めをする。

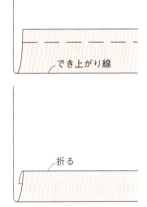

〈二つ折り〉

布端を折り返すこと。耳を使うときなどはこれでほつれない。本書で「折る」と書かれているときはこの方法で。

〈三つ折り〉

布端を内側に三つに折って重ねること。裾や袖口などを仕上げるときに使う。

布のぬい合わせ方

並ぬい
布をぬい合わせる際に使う、いちばん基本的なぬい方。

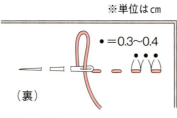

※単位はcm
●=0.3〜0.4
（裏）

手ぬいの基本。
ちくちくリズミカルに針を動かす。

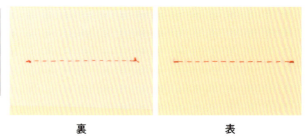

裏　　表

返しぐしぬい
しっかり丈夫に仕上げたいところや、ぬい始めとぬい終わりなどに使う。

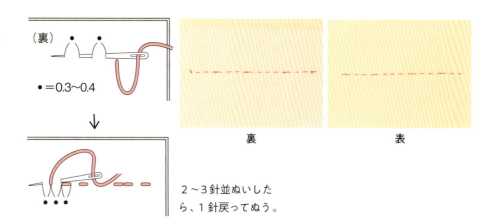

（裏）
●=0.3〜0.4

2〜3針並ぬいしたら、1針戻ってぬう。

裏　　表

半返しぬい
しっかり丈夫に仕上げたい箇所に使う。

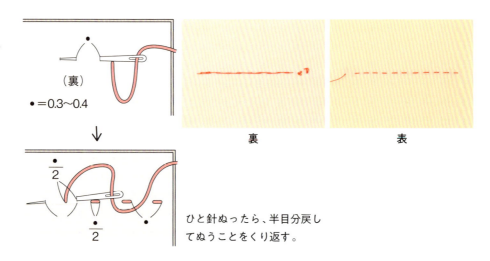

（裏）
●=0.3〜0.4

ひと針ぬったら、半目分戻してぬうことをくり返す。

裏　　表

仕上げ方

たてまつり

表側にぬい目が目立たないぬい方。バイアス布を付けるときなどに使う。

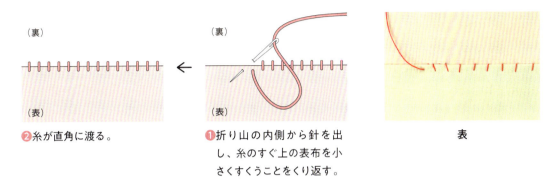

❷糸が直角に渡る。

❶折り山の内側から針を出し、糸のすぐ上の表布を小さくすくうことをくり返す。

表

まつりぬい

折り山をぬい留めるときの基本的なぬい方。

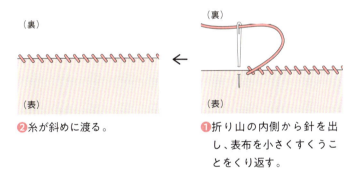

❷糸が斜めに渡る。

❶折り山の内側から針を出し、表布を小さくすくうことをくり返す。

コの字まつり

ぬい目が表裏面ともに見えないぬい方。袖下をぬうときなどに使う。

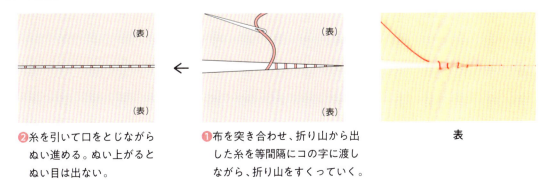

❷糸を引いて口をとじながらぬい進める。ぬい上がるとぬい目は出ない。

❶布を突き合わせ、折り山から出した糸を等間隔にコの字に渡しながら、折り山をすくっていく。

表

ぬい代の仕上げ方

※単位はcm

折り伏せぬい

片側のぬい代をもう一方のぬい代でくるんでぬう。脇や袖下をぬう際に使う。

❶布を中表に合わせて返しぐしぬいし、ぬい代の1枚（肩や脇の場合は後ろ側）を半分に裁つ。

❷幅の広い方のぬい代を、かぶせるように折る。

❸ぬい代を後ろに倒し、端を並ぬいで押さえる。

袋ぬい

布を二度ぬって、ぬい代を袋状にする。肩や脇をぬう際に使う。

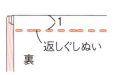

❸中表に合わせ直し、返しぐしぬいする。

❹ぬい代は片側に倒す。表からはぬい目が見えない。

割り伏せぬい

ぬい代を両側に折り込んでぬう。

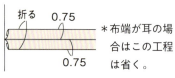

❸ぬい代の幅の半分を折り込む。

＊布端が耳の場合はこの工程は省く。

❹ぬい代の端を並ぬいで押さえる。

（右側：袋ぬい続き／割り伏せぬい右列）

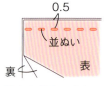

❶布を外表に合わせ、並ぬいする。

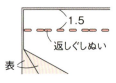

❷ぬい代をアイロンで割る。

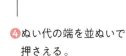

❶布を中表に合わせ、返しぐしぬいする。

❷ぬい代をアイロンで割る。

❺表には並ぬいのステッチが2本出る。

バイアス布の作り方

※単位はcm

布を裁つ

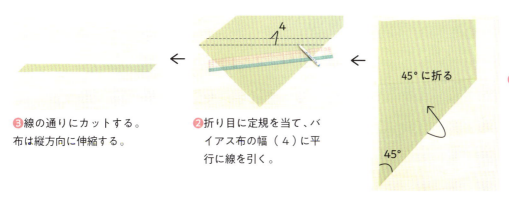

❶バイアス布は、えりぐりなどを仕上げる際に使う、斜め45度方向に裁った伸縮性のある布のこと。まず着物地を45度に折る。

❷折り目に定規を当て、バイアス布の幅（4）に平行に線を引く。

❸線の通りにカットする。布は縦方向に伸縮する。

ぬい合わせる

❶中表に合わせて並ぬい

❷ぬい代を割る
❸はみ出た部分をカット

❹❸でカットした布を必要な長さ（えりぐりなら、えりぐりの寸法＋ぬい代＋ゆとり）にぬい合わせる。端を図のように中表に合わせて並ぬいする。

❺ぬい代を割り、余分を裁ち落とす。

折り目を付ける

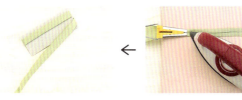

❻テープメーカーを使ってアイロンで折り目を付ける。テープメーカーがない場合はアイロンで折り目を付ける。

❼バイアス布の完成。でき上がったら、厚紙などに巻いておくと使いやすい。

バイアス布のくるみ方

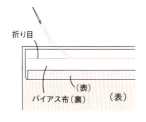

❶バイアス布の折り目を広げ、布と中表に合わせて折り目に沿って並ぬいする。

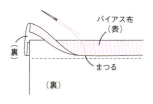

❷バイアス布を折り返して布端をくるみ、折り目を折り直して、表側にぬい目が出ないようにたてまつり（p.93）でぬう。

バイアス布の幅

てきあがり1.8cm幅

市販のバイアス布

市販のバイアス布を使って、布端を仕上げることもできる。着物地の色に合わせて色を選んで使う。

高橋　恵美子（たかはし　えみこ）
東京・青山生まれ。文化服装学院ハンディクラフト科卒業後、はじめて手作りをする人のためのやさしい手ぬいを提案する手芸家として45年にわたり活躍。手ぬいのための道具や布など商品の企画開発も手がける。著書は130冊以上。

Facebook @tenuiclub
X @tenuiclub
Instagram @tenuiclub
エミコ・コレクションco.　https://www.emico-co.com
（2024年10月現在）

いちばん簡単！　まっすぐ手ぬいで着物リメイク　服と小物

2024年11月1日　初版発行

著者／高橋　恵美子
発行者／山下 直久
発行／株式会社KADOKAWA
〒102-8177　東京都千代田区富士見2-13-3
電話　0570-002-301(ナビダイヤル)

印刷所／TOPPANクロレ株式会社

製本所／TOPPANクロレ株式会社

本書の無断複製（コピー、スキャン、デジタル化等）並びに無断複製物の譲渡および配信は、著作権法上での例外を除き禁じられています。
また、本書を代行業者等の第三者に依頼して複製する行為は、たとえ個人や家庭内での利用であっても一切認められておりません。

●お問い合わせ
https://www.kadokawa.co.jp/（「お問い合わせ」へお進みください）
※内容によっては、お答えできない場合があります。
※サポートは日本国内のみとさせていただきます。
※Japanese text only

定価はカバーに表示してあります。

©Emiko Takahashi 2024 Printed in Japan
ISBN 978-4-04-607233-7　C0077